小跳豆 Jumping Bean 幼兒 德育 故事系列

我不發脾氣

新雅文化事業有限公司
www.sunya.com.hk

U0114893

小跳豆
幼兒德育故事系列

跟着跳跳豆和糖糖豆一起養成良好品格

　　父母在孩子的幼兒時期，培養他們的道德品質是極為重要的。因為這時期的孩子還不能很好地控制自己的行為，他們可能常常會為了一些小事爭吵，亂發脾氣；和別人相處時，不講禮貌；做錯了事，不敢承認等等。這時候，我們應該怎樣幫助孩子建立良好的行為，樹立高尚的品德呢？

　　《小跳豆幼兒德育故事系列》共 6 冊，透過跳跳豆和糖糖豆的日常生活經歷，帶領孩子學會誠實、不爭吵、關心別人、不發脾氣、不驕傲和不浪費，進而讓他們明白待人處事的方法。

　　書後設有「親子小遊戲」，以有趣的形式幫助孩子判斷行為的對錯。「培養品德小貼士」提供一些實用性建議予家長，有效地幫助孩子養成良好的品格。

　　在日常生活中，父母也應為孩子樹立好的榜樣，關心他人，對他人有禮貌等，孩子在耳濡目染下自然也會養成良好的品德。

讓親子閱讀更有趣！

　　本系列屬「新雅點讀樂園」產品之一，若配備新雅點讀筆，爸媽和孩子可以使用全書的點讀和錄音功能，聆聽粵語朗讀故事、粵語講故事和普通話朗讀故事，亦能點選圖中的角色，聆聽對白，生動地演繹出每個故事，讓孩子隨着聲音，進入豐富多彩的故事世界，而且更可錄下爸媽和孩子的聲音來說故事，增添親子閱讀的趣味！

　　「新雅點讀樂園」產品包括語文學習類、親子故事和知識類等圖書，種類豐富，旨在透過聲音和互動功能帶動孩子學習，提升他們的學習動機與趣味！

想了解更多新雅的點讀產品，請瀏覽新雅網頁(www.sunya.com.hk)或掃描右邊的QR code進入 。

如何使用新雅點讀筆閱讀故事？

1. 下載本故事系列的點讀筆檔案

1. 瀏覽新雅網頁(www.sunya.com.hk) 或掃描右邊的QR code 進入 新雅・點讀樂園 。

2. 點選 下載點讀筆檔案 ▶ 。

3. 依照下載區的步驟說明，點選及下載《小跳豆幼兒德育故事系列》的點讀 筆檔案至電腦，並複製至新雅點讀筆的「BOOKS」資料夾內。

2. 啟動點讀功能

開啟點讀筆後，請點選封面右上角的 新雅・點讀樂園 圖示，然後便可翻開書本， 點選書本上的故事文字或圖畫，點讀筆便會播放相應的內容。

3. 選擇語言

如想切換播放語言，請點選內頁右上角的 粵 語/白 普 圖示，當再次點選內 頁時，點讀筆便會使用所選的語言播放點選的內容。

4. 播放整個故事

如想播放整個故事，請直接點選以下圖示：

5. 製作獨一無二的點讀故事書

爸媽和孩子可以各自點選以下圖示，錄下自己的聲音來說故事！

1. 先點選圖示上 爸媽錄音 或 孩子錄音 的位置，再點 OK，便可錄音。

2. 完成錄音後，請再次點選 OK，停止錄音。

3. 最後點選 ▶ 的位置，便可播放錄音了！

4. 如想再次錄音，請重複以上步驟。注意每次只保留最後一次的錄音。

爸媽請使用
這個圖示錄音

孩子請使用
這個圖示錄音

今天是星期六，
糖糖豆一早起牀，
一蹦一跳地來到
爸爸的房間外，
敲着門說：「爸爸，爸爸，
天亮了！起牀了！」

「早上好！糖糖豆，
爸爸記起來了，
今天帶你到遊樂場去，是嗎？」
糖糖豆很高興地點點頭。

吃早餐的時候，媽媽說：

「天上有烏雲呢！

可能要下雨了。」

爸爸便說：

「那就改到明天才去遊樂場吧！」

糖糖豆很失望，大聲叫：
「爸爸答應我今天去的！」
爸爸安慰她説：
「糖糖豆乖，如果明天天氣好，
我們一定去。」

「我不理，我要今天去！」
糖糖豆發脾氣，
把熊貓布偶扔到地上。

糖糖豆説：

「如果明天又下雨，你們又説不去了。」

説到這兒，

她的眼淚忍不住掉下來了。

爸爸温柔地摸着糖糖豆的頭，説：

「爸爸答應你，天晴的時候會去的，

好不好？」

糖糖豆還是在發脾氣，
不肯回答爸爸。
媽媽走過來對她說：
「糖糖豆，爸爸在跟你說話呀！」

糖糖豆連媽媽也不理睬，
一個人走開了，
躲到房間裏生氣。

到了中午，天氣好轉了，

爸爸說：

「現在還想不想去遊樂場呀？」

「去呀！想今天去呀！」

糖糖豆快樂地回答說。

到了遊樂場，
糖糖豆高興地一邊走一邊笑。
爸爸說：
「糖糖豆的笑容真好看，
就像那沒有烏雲的天空呢！」
糖糖豆聽見爸爸讚她，
笑得更開心了。

乘坐登山纜車時，
爸爸問糖糖豆：
「糖糖豆，好天氣令人開心呢，
還是壞天氣？」
糖糖豆答：「好天氣！」
爸爸再問：「那麼，好脾氣令人
開心呢，還是壞脾氣？」
糖糖豆笑着説：「好脾氣！」

爸爸説：
「今天早上糖糖豆發脾氣，
爸爸很難過啊！」
糖糖豆伏在爸爸身上，
輕聲説：「對不起啊，爸爸，
我明白了！」

親子小遊戲

小朋友，如果你是糖糖豆，爸爸不能帶你去玩耍時，你會怎樣做？請在適當的 ☐ 內加 ✔。

A.

把東西亂丟 ☐

B.

躲在房間不理睬爸爸 ☐

C.

哭着直至爸爸答應 ☐

D.

試着自己去玩耍 ☐

培養品德小貼士

遇到孩子發脾氣，父母該怎麼辦？

🫘 在孩子發脾氣的時候，父母應先保持冷靜，溫和地和孩子講話，這樣有助孩子安靜下來。同時，父母可以靠近孩子，抱抱他，或者溫柔地摸摸他的頭，身體上的親密能夠達到很好的安慰效果，可以使氣氛緩和下來。

🫘 父母也不要急於講道理，因為孩子這時一定聽不進去，等孩子平靜下來後，有了一個好心情時，父母可以採用合適的方式和孩子溝通，了解和滿足孩子的合理需求，同時也應該明確地告訴孩子，亂發脾氣這種方式是不令人喜愛的。這樣孩子才能正確理解自己的行為，逐漸養成良好的習慣。

小跳豆幼兒德育故事系列
我不發脾氣

原著：秋千
改編：新雅編輯室
繪圖：何宙樺
責任編輯：趙慧雅
美術設計：鄭雅玲
出版：新雅文化事業有限公司
香港英皇道499號北角工業大廈18樓
電話：(852) 2138 7998
傳真：(852) 2597 4003
網址：http://www.sunya.com.hk
電郵：marketing@sunya.com.hk
發行：香港聯合書刊物流有限公司
香港荃灣德士古道220-248號荃灣工業中心16樓
電話：(852) 2150 2100
傳真：(852) 2407 3062
電郵：info@suplogistics.com.hk
印刷：中華商務彩色印刷有限公司
香港新界大埔汀麗路36號
版次：二〇二一年五月初版
二〇二四年九月第四次印刷

ISBN: 978-962-08-7692-9